The Zero Property

TRACK **2**

W9-DCW-379

Any number **multiplied by zero** is **always ze**...
Don't you know that any number **multiplied by zero is always zero?**

It doesn't matter what the number may be, the answer is zero — it has to be!

For any number **multiplied by zero** is **always zero.**
Let's practice so that you may see
that the rule is called *The Zero Property*
'cause any number **multiplied by zero** is **always zero!**

1 × 0 is 0	2 × 0 is 0	3 × 0 is 0
4 × 0 is 0	5 × 0 is 0	6 × 0 is 0
7 × 0 is 0	8 × 0 is 0	9 × 0 is 0
10 × 0 is 0	11 × 0 is 0	12 × 0 is 0

Solve these problems.

$$42 \times 0 \qquad 162 \times 0 \qquad 59 \times 0 \qquad 947 \times 0$$

YOU GOT IT!
Any number multiplied by zero is...

1

©2011 Twin Sisters IP, LLC. All Rights Reserved.

Factors of 1

Count by 1s to complete this chart.

X	0	1	2	3	4	5	6	7	8	9	10	11	12
1	0	1	2										

Multiply.

$$\begin{array}{r} 0 \\ \times 1 \\ \hline \end{array} \quad \begin{array}{r} 3 \\ \times 1 \\ \hline \end{array} \quad \begin{array}{r} 1 \\ \times 1 \\ \hline \end{array} \quad \begin{array}{r} 8 \\ \times 1 \\ \hline \end{array} \quad \begin{array}{r} 2 \\ \times 1 \\ \hline \end{array} \quad \begin{array}{r} 9 \\ \times 1 \\ \hline \end{array}$$

$$\begin{array}{r} 4 \\ \times 1 \\ \hline \end{array} \quad \begin{array}{r} 7 \\ \times 1 \\ \hline \end{array} \quad \begin{array}{r} 10 \\ \times 1 \\ \hline \end{array} \quad \begin{array}{r} 6 \\ \times 1 \\ \hline \end{array} \quad \begin{array}{r} 5 \\ \times 1 \\ \hline \end{array} \quad \begin{array}{r} 11 \\ \times 1 \\ \hline \end{array}$$

$$\begin{array}{r} 2 \\ \times 1 \\ \hline \end{array} \quad \begin{array}{r} 12 \\ \times 1 \\ \hline \end{array} \quad \begin{array}{r} 8 \\ \times 1 \\ \hline \end{array} \quad \begin{array}{r} 0 \\ \times 1 \\ \hline \end{array} \quad \begin{array}{r} 3 \\ \times 1 \\ \hline \end{array} \quad \begin{array}{r} 1 \\ \times 1 \\ \hline \end{array}$$

$$\begin{array}{r} 11 \\ \times 1 \\ \hline \end{array} \quad \begin{array}{r} 5 \\ \times 1 \\ \hline \end{array} \quad \begin{array}{r} 9 \\ \times 1 \\ \hline \end{array} \quad \begin{array}{r} 6 \\ \times 1 \\ \hline \end{array} \quad \begin{array}{r} 7 \\ \times 1 \\ \hline \end{array} \quad \begin{array}{r} 4 \\ \times 1 \\ \hline \end{array}$$

$$\begin{array}{r} 0 \\ \times 1 \\ \hline \end{array} \quad \begin{array}{r} 3 \\ \times 1 \\ \hline \end{array} \quad \begin{array}{r} 1 \\ \times 1 \\ \hline \end{array} \quad \begin{array}{r} 10 \\ \times 1 \\ \hline \end{array} \quad \begin{array}{r} 2 \\ \times 1 \\ \hline \end{array} \quad \begin{array}{r} 12 \\ \times 1 \\ \hline \end{array}$$

©2011 Twin Sisters IP, LLC. All Rights Reserved.

Factors of 2

Count by 2s to complete this chart.

X	0	1	2	3	4	5	6	7	8	9	10	11	12
2	0	2	4										

Multiply.

0	3	1	8	2	9
x 2	x 2	x 2	x 2	x 2	x 2

4	7	10	6	5	11
x 2	x 2	x 2	x 2	x 2	x 2

2	12	8	0	3	1
x 2	x 2	x 2	x 2	x 2	x 2

11	5	9	6	7	4
x 2	x 2	x 2	x 2	x 2	x 2

0	3	1	10	2	12
x 2	x 2	x 2	x 2	x 2	x 2

3

©2011 Twin Sisters IP, LLC. All Rights Reserved.

The Multiplication Sign (X) Means Groups of.

The domino has two sides. Each side has 3 dots. How many dots in all?

2 groups of 3 dots
2 x 3 = 6 dots in all

Multiply to find the total number of dots.

1. _____ groups of _____ dots

   _____ x _____

   _____ dots in all.

4. _____ groups of _____ dots

   _____ x _____

   _____ dots in all.

2. _____ groups of _____ dots

   _____ x _____

   _____ dots in all.

5. _____ groups of _____ dots

   _____ x _____

   _____ dots in all.

3. _____ groups of _____ dots

   _____ x _____

   _____ dots in all.

6. _____ groups of _____ dots

   _____ x _____

   _____ dots in all.

©2011 Twin Sisters IP, LLC. All Rights Reserved.

Find The Groups

Draw lines to match.

2 groups of 3

3 groups of 4

2 groups of 5

3 groups of 3

3 groups of 5

2 groups of 7

5 + 5	2 × 3	12
3 + 3	3 × 4	9
7 + 7	2 × 7	6
3 + 3 + 3	3 × 5	10
4 + 4 + 4	3 × 3	14
5 + 5 + 5	2 × 5	15

©2011 Twin Sisters IP, LLC. All Rights Reserved.

How Many In All?

There are three scoops of ice cream.
Each scoop has three chocolate chips.
How many chocolate chips in all?

3 groups of 3 chocolate chips = 3 x 3 = 9

Multiply to find the total number of chocolate chips.

1. _____ groups of _____ chips
   _____ x _____
   _____ chips in all

2. _____ groups of _____ chips
   _____ x _____
   _____ chips in all

3. _____ groups of _____ chips
   _____ x _____
   _____ chips in all

4. _____ groups of _____ chips
   _____ x _____
   _____ chips in all

5. _____ groups of _____ chips
   _____ x _____
   _____ chips in all

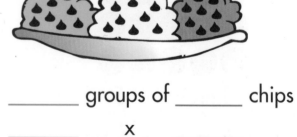

6. _____ groups of _____ chips
   _____ x _____
   _____ chips in all

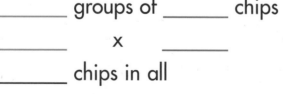

©2011 Twin Sisters IP, LLC. All Rights Reserved.

Factors of 3

TRACK **8**

Count by 3s to complete this chart.

X	0	1	2	3	4	5	6	7	8	9	10	11	12
3	0	3	6										

Multiply.

0 x 3 — 0	3 x 3 — 9	1 x 3 — 3	8 x 3 — 24	2 x 3 — 6	9 x 3 — 27
4 x 3 — 12	7 x 3 — 21	10 x 3 — 30	6 x 3 — 18	5 x 3 — 15	11 x 3 — 33
2 x 3 — 6	12 x 3 — 36	8 x 3 — 24	0 x 3 — 3	3 x 3 — 9	1 x 3 — 3
11 x 3 — 33	5 x 3 — 15	9 x 3 — 27	6 x 3 — 18	7 x 3 — 21	4 x 3 — 12
0 x 3 — 0	3 x 3 — 9	1 x 3 — 3	10 x 3 — 30	2 x 3 — 6	12 x 3 — 36

7

Factors of 3

x3 x3 x3 x3 x3 x3 x x3 x x3 x3 x3 x3

©2011 Twin Sisters IP, LLC. All Rights Reserved.

Factors of 4

Count by 4s to complete this chart.

X	0	1	2	3	4	5	6	7	8	9	10	11	12
4	0	4	8										

Multiply.

$$\begin{array}{cc} 0 \\ \times 4 \\ \hline 0 \end{array} \quad \begin{array}{c} 3 \\ \times 4 \\ \hline 12 \end{array} \quad \begin{array}{c} 1 \\ \times 4 \\ \hline 4 \end{array} \quad \begin{array}{c} 8 \\ \times 4 \\ \hline 32 \end{array} \quad \begin{array}{c} 2 \\ \times 4 \\ \hline 8 \end{array} \quad \begin{array}{c} 9 \\ \times 4 \\ \hline 36 \end{array}$$

$$\begin{array}{c} 4 \\ \times 4 \\ \hline 16 \end{array} \quad \begin{array}{c} 7 \\ \times 4 \\ \hline 28 \end{array} \quad \begin{array}{c} 10 \\ \times 4 \\ \hline 40 \end{array} \quad \begin{array}{c} 6 \\ \times 4 \\ \hline 24 \end{array} \quad \begin{array}{c} 5 \\ \times 4 \\ \hline 20 \end{array} \quad \begin{array}{c} 11 \\ \times 4 \\ \hline 44 \end{array}$$

$$\begin{array}{c} 2 \\ \times 4 \\ \hline 8 \end{array} \quad \begin{array}{c} 12 \\ \times 4 \\ \hline 48 \end{array} \quad \begin{array}{c} 8 \\ \times 4 \\ \hline 32 \end{array} \quad \begin{array}{c} 0 \\ \times 4 \\ \hline 0 \end{array} \quad \begin{array}{c} 3 \\ \times 4 \\ \hline 12 \end{array} \quad \begin{array}{c} 1 \\ \times 4 \\ \hline 4 \end{array}$$

$$\begin{array}{c} 11 \\ \times 4 \\ \hline 44 \end{array} \quad \begin{array}{c} 5 \\ \times 4 \\ \hline 20 \end{array} \quad \begin{array}{c} 9 \\ \times 4 \\ \hline 36 \end{array} \quad \begin{array}{c} 6 \\ \times 4 \\ \hline 24 \end{array} \quad \begin{array}{c} 7 \\ \times 4 \\ \hline 28 \end{array} \quad \begin{array}{c} 4 \\ \times 4 \\ \hline 16 \end{array}$$

$$\begin{array}{c} 0 \\ \times 4 \\ \hline 0 \end{array} \quad \begin{array}{c} 3 \\ \times 4 \\ \hline 12 \end{array} \quad \begin{array}{c} 1 \\ \times 4 \\ \hline 4 \end{array} \quad \begin{array}{c} 10 \\ \times 4 \\ \hline 40 \end{array} \quad \begin{array}{c} 2 \\ \times 4 \\ \hline 8 \end{array} \quad \begin{array}{c} 12 \\ \times 4 \\ \hline 48 \end{array}$$

8

©2011 Twin Sisters IP, LLC. All Rights Reserved.

Simple Multiplication

Each bug has the same number of spots. Count or multiply to find how many spots in all.

> Each one of us has 2 spots.

4 ladybugs x 2 spots on each = 8 spots

Find how many spots by counting or multiplying. Color all the spots.

1.

　　　　3　 frogs
x　　　4　 spots on each
　　　12　 spots in all

2.

_____ dogs
x_____ spots on each
_____ spots in all

3.

_____ cats
x_____ spots on each
_____ spots in all

4.

_____ mushrooms
x_____ spots on each
_____ spots in all

©2011 Twin Sisters IP, LLC. All Rights Reserved.

Factors of 5

Count by 5s to complete this chart.

X	0	1	2	3	4	5	6	7	8	9	10	11	12
5	0	5	10										

Multiply.

$$\begin{array}{cccccc}
0 & 3 & 1 & 8 & 2 & 9 \\
\times 5 & \times 5 & \times 5 & \times 5 & \times 5 & \times 5 \\
\hline
5 & 15 & 5 & 40 & 10 & 45
\end{array}$$

$$\begin{array}{cccccc}
4 & 7 & 10 & 6 & 5 & 11 \\
\times 5 & \times 5 & \times 5 & \times 5 & \times 5 & \times 5 \\
\hline
20 & 35 & 50 & 30 & 25 & 55
\end{array}$$

$$\begin{array}{cccccc}
2 & 12 & 8 & 0 & 3 & 1 \\
\times 5 & \times 5 & \times 5 & \times 5 & \times 5 & \times 5 \\
\hline
10 & 60 & 40 & 0 & 15 & 5
\end{array}$$

$$\begin{array}{cccccc}
11 & 5 & 9 & 6 & 7 & 4 \\
\times 5 & \times 5 & \times 5 & \times 5 & \times 5 & \times 5 \\
\hline
55 & 25 & 45 & 30 & 35 & 20
\end{array}$$

$$\begin{array}{cccccc}
0 & 3 & 1 & 10 & 2 & 12 \\
\times 5 & \times 5 & \times 5 & \times 5 & \times 5 & \times 5 \\
\hline
0 & 15 & 5 & 50 & 10 & 60
\end{array}$$

©2011 Twin Sisters IP, LLC. All Rights Reserved.

Simple Multiplication

There are 3 rows of daisies. There are 5 daisies in each row. There are 15 daisies in all.

Count how many rows. Count how many in each row. Write the total. Then, find how many by multiplying.

1.

2 rows of 4 = _____ s

2 x 4 = _____

2.

3 rows of 3 = _____ s

3 x 3 = _____

3.

3 rows of 4 = _____ s

3 x 4 = _____

4.

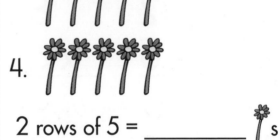

2 rows of 5 = _____ s

2 x 5 = _____

5.

3 rows of 6 = _____ s

3 x 6 = _____

6.

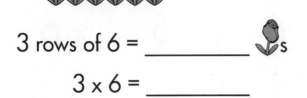

4 rows of 5 = _____ s

4 x 5 = _____

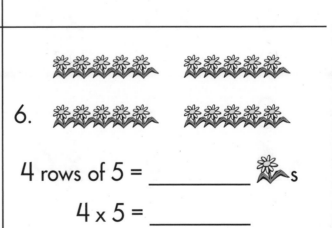

11

©2011 Twin Sisters IP, LLC. All Rights Reserved.

Factors of 6

Count by 6s to complete this chart.

X	0	1	2	3	4	5	6	7	8	9	10	11	12
6	0	6	12										

Multiply.

0	3	1	8	2	9
x 6	x 6	x 6	x 6	x 6	x 6

4	7	10	6	5	11
x 6	x 6	x 6	x 6	x 6	x 6

2	12	8	0	3	1
x 6	x 6	x 6	x 6	x 6	x 6

11	5	9	6	7	4
x 6	x 6	x 6	x 6	x 6	x 6

0	3	1	10	2	12
x 6	x 6	x 6	x 6	x 6	x 6

©2011 Twin Sisters IP, LLC. All Rights Reserved.

Multiplication And Addition

Draw groups to show the multiplication problem.
Then, add the groups together and write the answer.

1. $2 \times 2 =$ $= 2 + 2 = \boxed{4}$

2. $4 \times 1 =$ $=$ $\boxed{4}$

3. $4 \times 3 =$ $=$ $\boxed{12}$

4. $2 \times 3 =$ $=$ $\boxed{6}$

5. $3 \times 3 =$ $=$ $\boxed{9}$

6. $3 \times 5 =$ $=$

7. $4 \times 2 =$ $=$ $\boxed{8}$

8. $2 \times 5 =$ $=$ $\boxed{10}$

13

©2011 Twin Sisters IP, LLC. All Rights Reserved.

Factors of 7

Count by 7s to complete this chart.

X	0	1	2	3	4	5	6	7	8	9	10	11	12
7	0	7	14	21	28	35	49	42	56	63	35	77	84

Multiply.

0 ×7 0	3 ×7 21	1 ×7 7	8 ×7 14	2 ×7 28	9 ×7 35
4 ×7 	7 ×7 49	10 ×7 	6 ×7 42	5 ×7 35	11 ×7 77
2 ×7 14	12 ×7 84	8 ×7 56	0 ×7 0	3 ×7 21	1 ×7
11 ×7 77	5 ×7 	9 ×7 63	6 ×7 42	7 ×7 49	4 ×7 28
0 ×7 0	3 ×7 21	1 ×7 7	10 ×7 	2 ×7 14	12 ×7 84

©2011 Twin Sisters IP, LLC. All Rights Reserved.

Factors of 8

Count by 8s to complete this chart.

X	0	1	2	3	4	5	6	7	8	9	10	11	12
8	0	8	16										

Multiply.

$$
\begin{array}{cc} 0 \\ \times 8 \\ \hline \end{array}
\qquad
\begin{array}{cc} 3 \\ \times 8 \\ \hline \end{array}
\qquad
\begin{array}{cc} 1 \\ \times 8 \\ \hline \end{array}
\qquad
\begin{array}{cc} 8 \\ \times 8 \\ \hline \end{array}
\qquad
\begin{array}{cc} 2 \\ \times 8 \\ \hline 16 \end{array}
\qquad
\begin{array}{cc} 9 \\ \times 8 \\ \hline \end{array}
$$

$$
\begin{array}{cc} 4 \\ \times 8 \\ \hline \end{array}
\qquad
\begin{array}{cc} 7 \\ \times 8 \\ \hline \end{array}
\qquad
\begin{array}{cc} 10 \\ \times 8 \\ \hline 90 \end{array}
\qquad
\begin{array}{cc} 6 \\ \times 8 \\ \hline \end{array}
\qquad
\begin{array}{cc} 5 \\ \times 8 \\ \hline 40 \end{array}
\qquad
\begin{array}{cc} 11 \\ \times 8 \\ \hline \end{array}
$$

$$
\begin{array}{cc} 2 \\ \times 8 \\ \hline 16 \end{array}
\qquad
\begin{array}{cc} 12 \\ \times 8 \\ \hline \end{array}
\qquad
\begin{array}{cc} 8 \\ \times 8 \\ \hline \end{array}
\qquad
\begin{array}{cc} 0 \\ \times 8 \\ \hline \end{array}
\qquad
\begin{array}{cc} 3 \\ \times 8 \\ \hline \end{array}
\qquad
\begin{array}{cc} 1 \\ \times 8 \\ \hline \end{array}
$$

$$
\begin{array}{cc} 11 \\ \times 8 \\ \hline \end{array}
\qquad
\begin{array}{cc} 5 \\ \times 8 \\ \hline 40 \end{array}
\qquad
\begin{array}{cc} 9 \\ \times 8 \\ \hline \end{array}
\qquad
\begin{array}{cc} 6 \\ \times 8 \\ \hline \end{array}
\qquad
\begin{array}{cc} 7 \\ \times 8 \\ \hline \end{array}
\qquad
\begin{array}{cc} 4 \\ \times 8 \\ \hline \end{array}
$$

$$
\begin{array}{cc} 0 \\ \times 8 \\ \hline \end{array}
\qquad
\begin{array}{cc} 3 \\ \times 8 \\ \hline \end{array}
\qquad
\begin{array}{cc} 1 \\ \times 8 \\ \hline \end{array}
\qquad
\begin{array}{cc} 10 \\ \times 8 \\ \hline 80 \end{array}
\qquad
\begin{array}{cc} 2 \\ \times 8 \\ \hline 16 \end{array}
\qquad
\begin{array}{cc} 12 \\ \times 8 \\ \hline \end{array}
$$

15

©2011 Twin Sisters IP, LLC. All Rights Reserved.

Factors of 9

TRACK

Count by 9s to complete this chart.

X	0	1	2	3	4	5	6	7	8	9	10	11	12
9	0	9	18										

Multiply.

0 x 9	3 x 9	1 x 9	8 x 9	2 x 9	9 x 9
4 x 9	7 x 9	10 x 9	6 x 9	5 x 9	11 x 9
2 x 9	12 x 9	8 x 9	0 x 9	3 x 9	1 x 9
11 x 9	5 x 9	9 x 9	6 x 9	7 x 9	4 x 9
0 x 9	3 x 9	1 x 9	10 x 9	2 x 9	12 x 9

16

©2011 Twin Sisters IP, LLC. All Rights Reserved.

Factors of 10

Count by 10s to complete this chart.

X	0	1	2	3	4	5	6	7	8	9	10	11	12
10	0	10	20										

Multiply.

10	10	10	10	10	10
x 0	x 3	x 1	x 8	x 2	x 9

10	10	10	10	10	10
x 4	x 7	x 10	x 6	x 5	x 11

10	10	10	10	10	10
x 2	x 12	x 8	x 0	x 3	x 1

10	10	10	10	10	10
x 11	x 5	x 9	x 6	x 7	x 4

10	10	10	10	10	10
x 0	x 3	x 1	x 10	x 2	x 12

©2011 Twin Sisters IP, LLC. All Rights Reserved.

Factors of 11

Count by 11s to complete this chart.

X	0	1	2	3	4	5	6	7	8	9	10	11	12
11	0	11	22										

Multiply.

$$\begin{array}{c} 11 \\ \times\ 0 \\ \hline 11 \end{array} \qquad \begin{array}{c} 11 \\ \times\ 3 \\ \hline 33 \end{array} \qquad \begin{array}{c} 11 \\ \times\ 1 \\ \hline 11 \end{array} \qquad \begin{array}{c} 11 \\ \times\ 8 \\ \hline 88 \end{array} \qquad \begin{array}{c} 11 \\ \times\ 2 \\ \hline 22 \end{array} \qquad \begin{array}{c} 11 \\ \times\ 9 \\ \hline 99 \end{array}$$

$$\begin{array}{c} 11 \\ \times\ 4 \\ \hline 44 \end{array} \qquad \begin{array}{c} 11 \\ \times\ 7 \\ \hline 77 \end{array} \qquad \begin{array}{c} 11 \\ \times\ 10 \\ \hline 109 \end{array} \qquad \begin{array}{c} 11 \\ \times\ 6 \\ \hline 66 \end{array} \qquad \begin{array}{c} 11 \\ \times\ 5 \\ \hline 55 \end{array} \qquad \begin{array}{c} 11 \\ \times\ 11 \\ \hline 111 \end{array}$$

$$\begin{array}{c} 11 \\ \times\ 2 \\ \hline 22 \end{array} \qquad \begin{array}{c} 11 \\ \times\ 12 \\ \hline 132 \end{array} \qquad \begin{array}{c} 11 \\ \times\ 8 \\ \hline 88 \end{array} \qquad \begin{array}{c} 11 \\ \times\ 0 \\ \hline 11 \end{array} \qquad \begin{array}{c} 11 \\ \times\ 3 \\ \hline 33 \end{array} \qquad \begin{array}{c} 11 \\ \times\ 1 \\ \hline 11 \end{array}$$

$$\begin{array}{c} 11 \\ \times\ 11 \\ \hline \end{array} \qquad \begin{array}{c} 11 \\ \times\ 5 \\ \hline 55 \end{array} \qquad \begin{array}{c} 11 \\ \times\ 9 \\ \hline 99 \end{array} \qquad \begin{array}{c} 11 \\ \times\ 6 \\ \hline 66 \end{array} \qquad \begin{array}{c} 11 \\ \times\ 7 \\ \hline 77 \end{array} \qquad \begin{array}{c} 11 \\ \times\ 4 \\ \hline 44 \end{array}$$

$$\begin{array}{c} 11 \\ \times\ 0 \\ \hline 11 \end{array} \qquad \begin{array}{c} 11 \\ \times\ 3 \\ \hline 33 \end{array} \qquad \begin{array}{c} 11 \\ \times\ 1 \\ \hline 11 \end{array} \qquad \begin{array}{c} 11 \\ \times\ 10 \\ \hline 109 \end{array} \qquad \begin{array}{c} 11 \\ \times\ 2 \\ \hline 22 \end{array} \qquad \begin{array}{c} 11 \\ \times\ 12 \\ \hline 132 \end{array}$$

I Don't want to DO wook!!!

©2011 Twin Sisters IP, LLC. All Rights Reserved.

Factors of 12

Count by 12s to complete this chart.

X	0	1	2	3	4	5	6	7	8	9	10	11	12
12	0	12	24										

Multiply.

12 ×0	12 ×3	12 ×1	12 ×8	12 ×2	12 ×9
12 ×4	12 ×7	12 ×10	12 ×6	12 ×5	12 ×11
12 ×2	12 ×12	12 ×8	12 ×0	12 ×3	12 ×1
12 ×11	12 ×5	12 ×9	12 ×6	12 ×7	12 ×4
12 ×0	12 ×3	12 ×1	12 ×10	12 ×2	12 ×12

19

©2011 Twin Sisters IP, LLC. All Rights Reserved.

Find The Facts

Circle each factor of 9. Write an x and an = sign in the correct place. The facts go horizontally, vertically or diagonally and may be repeated.

9 × 3 = 27

5	14	20	7	9	9	6	54	3	9	0	0			
6	12	0	9	9	1	9	14	16	1	18	9	2	18	
9	9	81	1	7	90	1	41	52	9	9	2	18	43	9
8	26	9	62	63	10	9×3=27	83	4	11	19	18	54		
72	9	18	10	12	0	49	24	31	1	36	20	9	16	0
15	38	5	51	90	9	4	36	9	96	56	24	16	10	9
9	9	21	9	45	90	9	12	11	19	7	84	9	9	81	3
0	9	8	72	0	32	54	48	4	17	63	15	11	9	5

20

©2011 Twin Sisters IP, LLC. All Rights Reserved.

Multiples of 5 Maze

Count by fives. Draw a line through each multiple of five as you move through the maze.

START 5	7	99	12	8	29	65
32	81	10	77	60	26	91	72
16	88	15	58	25	71	18	33
55	56	82	20	66	30	5	1
92	87	55	61	51	33	35	29
79	60	51	50	12	40	35	28
65	2	11	25	45	61	89	58
27	70	63	16	53	90	81	93
1	97	75	98	85	13	95	33
21	3	82	80	91	98	100	**END**

21

©2011 Twin Sisters IP, LLC. All Rights Reserved.

A Helpful Strategy

Use the secret code to discover a strategy for multiplying by 2s!

Secret Code

B	H	K	O	D	I	L	S	T	F	U	E	N	J
0	1	18	12	16	9	2	8	6	11	10	24	4	14

2 x7	2 x5	4 x2	3 x2
14			
J			

2 x3	1 x1	9 x1	2 x2	9 x2

6 x2	11 x1

8 x2	12 x1	5 x2	2 x0	2 x1	12 x2	2 x4

©2011 Twin Sisters IP, LLC. All Rights Reserved.

Multiplication Crossword Puzzle

Solve each problem. Fill the equations and answers into the puzzle.

$6 \times 2 =$ _12_ $12 \times 1 =$ ___ $3 \times 7 =$ ___ $2 \times 8 =$ ___ $3 \times 4 =$ ___

$2 \times 7 =$ ___ $1 \times 6 =$ ___ $2 \times 12 =$ ___ $8 \times 1 =$ ___ $1 \times 7 =$ ___

$3 \times 1 =$ ___ $9 \times 2 =$ ___ $8 \times 3 =$ ___ $2 \times 4 =$ ___ $6 \times 3 =$ ___

23

©2011 Twin Sisters IP, LLC. All Rights Reserved.

Multiplication Location!

Fill in the grid by multiplying the factors.

8 x 3 = ___   9 x 8 = ___   8 x 0 = ___   10 x 8 = ___

3 x 4 = _12_   2 x 2 = _4_   5 x 8 = _45_   11 x 6 = ___

10 x 5 = _90_   9 x 2 = ___   8 x 4 = ___   8 x 2 = ___

8 x 7 = ___   3 x 3 = _9_   12 x 8 = ___   12 x 3 = ___

11 x 2 = ___   8 x 8 = ___   5 x 5 = _25_   5 x 7 = _35_

6 x 8 = ___   12 x 7 = ___   8 x 1 = ___   11 x 8 = ___

8 x 3 = 24	0	12	7	84	88	3
8	4	20	10	5	50	8	16	64
2	12	11	6	66	11	14	8	9
16	3	3	9	7	32	8	80	8
2	16	11	24	4	8	8	5	72
12	36	2	8	45	10	56	7	9
8	8	22	16	6	8	48	35	2
96	1	5	5	25	5	8	40	18
0	8	10	34	8	0	0	7	42
12	3	36	2	2	4	12	72	56

24

©2011 Twin Sisters IP, LLC. All Rights Reserved.

Complete Each Puzzle!

Fill in the grid by multiplying the factors.

X	6	5
3	18	15
6	36	30

X	2	6
5		
3		

X	5	6
5		
2		

X	2	5
1		
6		

X	3	6
5		
1		

X	4	1
4		
3		

X	3	1
6		
2		

X	6	3
12		
10		

X	6	4
9		
8		

X	5	1
8		
6		

X	2	5
3		
7		

X	5	2
10		
11		

X	6	5
5		
7		

X	3	5
7		
5		

X	2	6
9		
7		

25

©2011 Twin Sisters IP, LLC. All Rights Reserved.

Problem Solving

Read each problem. Then, write an equation to solve it.

1. At the fair, six people can run the egg-and-spoon race at one time. There are eight races. How many total people can run the egg-and-spoon race?

☐
X ☐
———
☐

2. Six people can run the three-legged race at one time. There are nine races. How many total people can run the three-legged race?

☐
X ☐
———
☐

3. Each Ferris wheel carriage holds five people. There are nine carriages. How many people can ride at one time?

☐
X ☐
———
☐

4. The roller coaster has eight cars. Three people fit into each car. How many people can ride at one time?

☐
X ☐
———
☐

5. Saltwater taffy is sold seven pieces for one dollar. How many pieces can eight dollars buy?

☐
X ☐
———
☐

6. Game booth tickets are sold six for one dollar. How many tickets can five dollars buy?

☐
X ☐
———
☐

7. Extra-large balloons cost three dollars a piece. How much do nine balloons cost?

☐
X ☐
———
☐

26

©2011 Twin Sisters IP, LLC. All Rights Reserved.

Real-Life Problem Solving

Multiplication word problems.

1. Jeremy and Melissa each raked 4 piles of leaves for their neighbors. How many piles of leaves were raked in all?

_____ X _____ = _____

2. Sara and Cori spent 3 hours at the mall on Saturday. Leah and Rachel were there twice as long! How many hours were Leah and Rachel at the mall?

_____ X _____ = _____

3. Michael and his friends counted the number of commercials in 8 television programs. Each program had 9 commercials. How many commercials did they count altogether?

_____ X _____ = _____

4. The coffee shop employees brewed 8 containers of coffee in two hours. Each container served 12 cups of coffee. How many cups of coffee did they serve altogether?

_____ X _____ = _____

5. Last year, it rained 9 days each month. How many days did it rain last year?

_____ X _____ = _____

6. In the last 60 minutes, nine customers came into your video game store. Six customers bought two video games each. How many video games did you sell in the last hour?

_____ X _____ = _____

7. You and six of your friends are going to the movies. The admission tickets cost $5 each. How much will it cost for all of you to see the movie?

_____ X _____ = _____

8. The art museum has six floors of art exhibits. Each floor has 7 galleries. How many galleries are in the museum altogether?

_____ X _____ = _____

Problem Solving

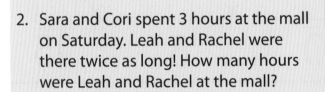

27

©2011 Twin Sisters IP, LLC. All Rights Reserved.

Fill in the Missing Factor!

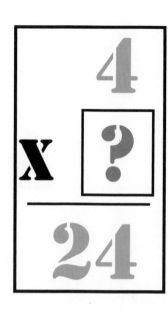

$4 \times \square = 12$

$6 \times \square = 18$

$9 \times \square = 36$

$5 \times \square = 20$

$2 \times \square = 8$

$5 \times \square = 15$

$9 \times \square = 27$

$3 \times \square = 15$

$4 \times \square = 20$

$3 \times \square = 21$

$11 \times \square = 44$

$4 \times \square = 28$

$12 \times \square = 36$

$10 \times \square = 20$

$8 \times \square = 16$

$5 \times \square = 10$

$1 \times \square = 9$

$3 \times \square = 18$

$11 \times \square = 22$

$6 \times \square = 12$

$3 \times \square = 33$

©2011 Twin Sisters IP, LLC. All Rights Reserved.

28

Straight Up Multiplication!

Fill in the grid by multiplying each factor.

X	1	2	3	4	5	6	7	8	9	10	11	12
1	1											
2			6									
3					15				27			
4												
5							35					60
6												
7				28					70			
8						48						
9								72				
10											110	
11												
12												

29

©2011 Twin Sisters IP, LLC. All Rights Reserved.

What's The Answer?

Fill in the circle next to the correct product.

6 x 7 = ○ 41 ○ 42 ○ 48	8 x 6 = ○ 42 ○ 48 ○ 56	7 x 3 = ○ 21 ○ 28 ○ 18
9 x 9 = ○ 99 ○ 64 ○ 81	4 x 7 = ○ 27 ○ 28 ○ 21	9 x 5 = ○ 45 ○ 40 ○ 50
4 x 6 = ○ 24 ○ 18 ○ 36	8 x 9 = ○ 64 ○ 72 ○ 54	7 x 8 = ○ 56 ○ 54 ○ 63
5 x 8 = ○ 35 ○ 40 ○ 48	6 x 6 = ○ 42 ○ 30 ○ 36	7 x 7 = ○ 39 ○ 49 ○ 48
9 x 7 = ○ 56 ○ 64 ○ 63	8 x 8 = ○ 68 ○ 64 ○ 72	7 x 2 = ○ 14 ○ 12 ○ 16
4 x 8 = ○ 24 ○ 32 ○ 36	5 x 5 = ○ 15 ○ 30 ○ 25	5 x 6 = ○ 30 ○ 35 ○ 40
8 x 2 = ○ 12 ○ 14 ○ 16	7 x 5 = ○ 45 ○ 35 ○ 40	3 x 9 = ○ 27 ○ 28 ○ 36

©2011 Twin Sisters IP, LLC. All Rights Reserved.

Name: _____ **Time** [:   ] **Correct** [**/50**]

2 ×9	4 ×1	2 ×7	4 ×6	3 ×9
3 ×8	11 ×1	4 ×8	3 ×7	0 ×2
11 ×4	12 ×4	0 ×4	1 ×5	4 ×9
1 ×6	4 ×4	2 ×3	10 ×1	3 ×4
4 ×5	2 ×3	0 ×5	4 ×6	4 ×1
4 ×9	12 ×0	4 ×2	4 ×5	4 ×4
3 ×0	12 ×2	4 ×3	10 ×2	0 ×6
2 ×1	4 ×2	7 ×4	5 ×4	12 ×3
4 ×6	4 ×4	9 ×1	10 ×4	11 ×2
2 ×2	4 ×5	0 ×9	11 ×3	4 ×6

31

©2011 Twin Sisters IP, LLC. All Rights Reserved.

Name: _____ **Time** [:] **Correct** [/50]

10 × 5	3 × 5	4 × 7	5 × 0 *0*	10 × 4
4 × 8	5 × 3	3 × 7	3 × 0 *0*	4 × 9
2 × 1	2 × 7	5 × 4 *20*	2 × 6	3 × 1
11 × 3	10 × 2	3 × 8	2 × 9	11 × 5
11 × 2	4 × 1	12 × 2	8 × 2	11 × 4
5 × 5 *25*	6 × 3	10 × 3	2 × 2	5 × 9
4 × 9 *36*	2 × 3	11 × 5	12 × 3	10 × 5
7 × 3	2 × 8	5 × 4	3 × 2	4 × 6
4 × 8	10 × 2	11 × 2	7 × 4	9 × 2
3 × 1	12 × 4	5 × 5	7 × 2	11 × 2

32

©2011 Twin Sisters IP, LLC. All Rights Reserved.

Name: _____ **Time** _____ **:** _____ **Correct** _____ **/50**

6 × 0 *6*	2 × 5	2 × 3	4 × 2	6 × 5
4 × 2	4 × 3	4 × 6	2 × 8	4 × 1
11 × 6	10 × 3	12 × 2	6 × 3	11 × 3
12 × 5	1 × 4 *4*	6 × 7	5 × 4	5 × 0 *0*
3 × 5	5 × 5	10 × 2	3 × 9	10 × 1
1 × 5 *5*	10 × 6 *60*	10 × 4 *40*	6 × 2 *12*	6 × 4
6 × 2	3 × 4 *12*	11 × 5	1 × 6 *6*	5 × 8
10 × 6	4 × 9	6 × 9	1 × 6 *6*	3 × 3
4 × 8	11 × 6	10 × 5	1 × 8	6 × 6
6 × 7	12 × 6	10 × 6 *60*	9 × 1 *9*	7 × 6

33

©2011 Twin Sisters IP, LLC. All Rights Reserved.

Name: _____ **Time** [:] **Correct** [/50]

7 × 3	5 × 6	6 × 8	2 × 2	7 × 1
11 × 3	11 × 7	3 × 3	2 × 7	4 × 3
12 × 7	2 × 3	6 × 5	7 × 6	10 × 6
5 × 4	7 × 7	12 × 2	3 × 9	4 × 4
11 × 6	1 × 0	5 × 9	12 × 4	9 × 7
6 × 3	7 × 4	7 × 1	2 × 0	4 × 5
12 × 5	7 × 8	7 × 3	6 × 2	9 × 7
3 × 7	10 × 7	11 × 4	7 × 4	7 × 5
11 × 5	2 × 8	6 × 7	5 × 2	1 × 1
7 × 8	12 × 7	0 × 1	10 × 7	3 × 6

34

©2011 Twin Sisters IP, LLC. All Rights Reserved.

8 × 2	12 × 4	4 × 6	10 × 6	2 × 3
11 × 4	10 × 7	4 × 4	7 × 1	9 × 2
6 × 5	2 × 7	2 × 5	6 × 3	10 × 5
2 × 8	7 × 8	2 × 4	10 × 4	8 × 5
6 × 7	5 × 4	2 × 7	12 × 8	4 × 7
8 × 9	8 × 1	7 × 6	5 × 8	6 × 6
5 × 7	7 × 4	4 × 1	7 × 5	8 × 7
3 × 8	2 × 3	0 × 8	7 × 3	12 × 6
6 × 7	5 × 6	8 × 7	10 × 3	2 × 2
12 × 2	8 × 6	11 × 8	7 × 7	8 × 3

35

©2011 Twin Sisters IP, LLC. All Rights Reserved.

Name: _____ Time [:   ]   Correct [/50]

9 × 1	3 × 9	6 × 6	4 × 7	7 × 1
12 × 8	10 × 4	5 × 7	3 × 2	7 × 5
6 × 7	6 × 4	3 × 9	6 × 4	4 × 9
5 × 3	6 × 8	3 × 8	7 × 3	2 × 8
10 × 8	11 × 5	6 × 9	9 × 5	5 × 4
10 × 6	8 × 5	2 × 3	6 × 1	7 × 2
8 × 5	10 × 7	9 × 7	4 × 3	6 × 7
9 × 8	9 × 6	10 × 5	11 × 2	4 × 4
5 × 1	9 × 8	9 × 7	8 × 7	0 × 4
11 × 9	2 × 6	12 × 5	2 × 2	8 × 0

©2011 Twin Sisters IP, LLC. All Rights Reserved.

Name: _____ **Time** [| : |] **Correct** [| /50]

10 × 2	6 × 1	6 × 3	5 × 7	9 × 0
8 × 9	2 × 2	3 × 5	10 × 0	6 × 2
9 × 3	5 × 8	7 × 5	2 × 5	4 × 3
8 × 7	10 × 2	4 × 4	6 × 5	7 × 3
7 × 6	2 × 9	10 × 3	4 × 4	5 × 6
9 × 9	8 × 3	4 × 6	7 × 2	9 × 3
7 × 3	5 × 5	9 × 4	10 × 5	4 × 5
10 × 8	9 × 3	9 × 7	7 × 0	5 × 3
12 × 6	8 × 4	2 × 1	10 × 7	8 × 3
10 × 10	2 × 2	4 × 7	2 × 8	11 × 6

37

©2011 Twin Sisters IP, LLC. All Rights Reserved.

Name: _____ **Time** | **:** | **Correct** | **/50**

3 × 1	3 × 6	3 × 3	1 × 8	3 × 2
11 × 2	3 × 6	1 × 7	11 × 2	7 × 2
2 × 6	3 × 5	2 × 1	2 × 9	3 × 2
3 × 5	2 × 5	2 × 8	2 × 0	3 × 4
3 × 5	3 × 7	11 × 1	3 × 4	11 × 3
3 × 6	2 × 9	3 × 3	10 × 1	2 × 3
10 × 2	2 × 2	1 × 4	11 × 3	1 × 3
3 × 0	3 × 9	3 × 5	3 × 7	3 × 9
10 × 3	2 × 4	3 × 8	12 × 3	10 × 3
11 × 2	2 × 6	2 × 3	3 × 0	3 × 5

38

©2011 Twin Sisters IP, LLC. All Rights Reserved.

Name: _____ Time [:] Correct [/50]

2 ×0	2 ×8	1 ×2	10 ×3	2 ×2
10 ×2	0 ×0	2 ×6	2 ×8	12 ×1
1 ×1	2 ×4	2 ×9	0 ×1	12 ×2
2 ×4	0 ×2	2 ×2	2 ×9	12 ×1
11 ×0	2 ×3	1 ×3	2 ×5	0 ×3
1 ×9	0 ×3	2 ×6	12 ×2	10 ×2
8 ×2	0 ×4	2 ×6	1 ×5	1 ×7
1 ×6	1 ×5	2 ×4	1 ×4	1 ×8
0 ×7	10 ×1	2 ×7	0 ×6	0 ×4
2 ×1	2 ×9	0 ×9	2 ×2	1 ×6

39

©2011 Twin Sisters IP, LLC. All Rights Reserved.

Name: _____ **Time** [:] **Correct** [/100]

9 ×1	3 ×9	6 ×6	4 ×7	7 ×1	3 ×3	6 ×2	2 ×8	3 ×7	8 ×9
12 ×8	10 ×4	5 ×7	3 ×2	7 ×5	2 ×9	4 ×8	6 ×5	4 ×3	0 ×6
6 ×7	6 ×4	3 ×9	6 ×4	4 ×9	5 ×6	2 ×9	7 ×4	12 ×7	4 ×1
5 ×3	6 ×8	3 ×8	7 ×3	2 ×8	9 ×4	5 ×5	5 ×3	8 ×3	12 ×9
10 ×8	11 ×5	6 ×9	9 ×5	5 ×4	2 ×2	11 ×7	4 ×2	5 ×5	7 ×2
10 ×6	8 ×5	2 ×3	6 ×1	7 ×2	8 ×8	10 ×3	4 ×8	9 ×6	3 ×5
8 ×5	10 ×7	9 ×7	4 ×3	6 ×7	12 ×3	2 ×5	10 ×2	11 ×5	4 ×9
9 ×8	9 ×6	10 ×5	11 ×2	4 ×4	8 ×1	11 ×3	11 ×6	2 ×4	8 ×6
5 ×1	9 ×8	9 ×7	8 ×7	0 ×4	9 ×3	9 ×9	7 ×5	7 ×7	11 ×8
11 ×9	2 ×6	12 ×5	2 ×2	8 ×0	12 ×2	12 ×6	2 ×5	10 ×9	7 ×8

40

©2011 Twin Sisters IP, LLC. All Rights Reserved.

Name: _____ **Time** | : | **Correct** | /100 |

8 × 6	11 × 5	3 × 2	6 × 2	5 × 6	10 × 8	1 × 1	7 × 3	3 × 7	11 × 11
12 × 8	3 × 1	9 × 8	11 × 9	2 × 8	5 × 9	2 × 1	10 × 8	11 × 8	8 × 4
7 × 6	2 × 12	9 × 3	8 × 3	5 × 7	8 × 6	1 × 10	4 × 8	6 × 11	9 × 6
8 × 7	10 × 2	4 × 4	6 × 5	10 × 9	9 × 8	7 × 6	6 × 5	1 × 0	5 × 10
11 × 4	2 × 8	8 × 9	7 × 10	5 × 8	9 × 7	10 × 6	6 × 12	3 × 11	3 × 9
9 × 5	7 × 8	6 × 2	5 × 11	2 × 7	12 × 9	11 × 10	10 × 5	7 × 9	6 × 8
11 × 11	9 × 7	8 × 6	7 × 8	5 × 4	12 × 7	6 × 10	8 × 7	5 × 9	9 × 10
10 × 8	7 × 9	6 × 10	5 × 7	2 × 9	7 × 10	8 × 8	12 × 6	11 × 7	4 × 8
11 × 9	9 × 8	8 × 6	6 × 12	5 × 8	4 × 12	11 × 11	10 × 10	9 × 8	12 × 12
12 × 8	8 × 7	9 × 6	10 × 8	2 × 7	10 × 9	8 × 8	7 × 6	6 × 9	3 × 9

41

©2011 Twin Sisters IP, LLC. All Rights Reserved.

YOU CAN MULTIPLY

Tracks 6-17

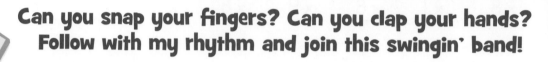

**Can you snap your fingers? Can you clap your hands?
Follow with my rhythm and join this swingin' band!**

**You can learn to multiply by starting really slow.
Practice each and every day and all the facts you'll know!**

**We'll start with one and move on up and—if I might suggest—
We'll speed the tempo up a bit. I know you'll do your best!**

**You can learn to multiply by starting really slow.
Practice each and every day and all the facts you'll know.**

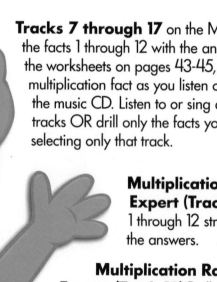

Tracks 7 through 17 on the Music CD drill the facts 1 through 12 with the answers. Using the worksheets on pages 43-45, point to each multiplication fact as you listen or sing along to the music CD. Listen to or sing along to all the tracks OR drill only the facts you're working on by selecting only that track.

Multiplication Rap For The Expert (Track 18) Drills the facts 1 through 12 straight through with the answers.

Multiplication Rap For The Expert (Track 19) Drills the facts 1 through 12 straight through **WITHOUT** the answers. Use the worksheets on pages 46 – 48. Write the product of each set of factors.

 TIP – Laminate pages 43 – 48 at a copy center. Then use a dry erase marker for repeated practice.

©2011 Twin Sisters IP, LLC. All Rights Reserved.

Facts of 4
Track 9

$4 \times 1 = 4$
$4 \times 2 = 8$
$4 \times 3 = 12$
$4 \times 4 = 16$
$4 \times 5 = 20$
$4 \times 6 = 24$
$4 \times 7 = 28$
$4 \times 8 = 32$
$4 \times 9 = 36$
$4 \times 10 = 40$
$4 \times 11 = 44$
$4 \times 12 = 48$

Facts of 3
Track 8

$3 \times 1 = 3$
$3 \times 2 = 6$
$3 \times 3 = 9$
$3 \times 4 = 12$
$3 \times 5 = 15$
$3 \times 6 = 18$
$3 \times 7 = 21$
$3 \times 8 = 24$
$3 \times 9 = 27$
$3 \times 10 = 30$
$3 \times 11 = 33$
$3 \times 12 = 36$

Facts of 2
Track 7

$2 \times 1 = 2$
$2 \times 2 = 4$
$2 \times 3 = 6$
$2 \times 4 = 8$
$2 \times 5 = 10$
$2 \times 6 = 12$
$2 \times 7 = 14$
$2 \times 8 = 16$
$2 \times 9 = 18$
$2 \times 10 = 20$
$2 \times 11 = 22$
$2 \times 12 = 24$

Facts of 1
Track 3

$1 \times 1 = 1$
$1 \times 2 = 2$
$1 \times 3 = 3$
$1 \times 4 = 4$
$1 \times 5 = 5$
$1 \times 6 = 6$
$1 \times 7 = 7$
$1 \times 8 = 8$
$1 \times 9 = 9$
$1 \times 10 = 10$
$1 \times 11 = 11$
$1 \times 12 = 12$

©2011 Twin Sisters IP, LLC. All Rights Reserved.

Facts of 5
Track 10

$5 \times 1 = 5$
$5 \times 2 = 10$
$5 \times 3 = 15$
$5 \times 4 = 20$
$5 \times 5 = 25$
$5 \times 6 = 30$
$5 \times 7 = 35$
$5 \times 8 = 40$
$5 \times 9 = 45$
$5 \times 10 = 50$
$5 \times 11 = 55$
$5 \times 12 = 60$

Facts of 6
Track 11

$6 \times 1 = 6$
$6 \times 2 = 12$
$6 \times 3 = 18$
$6 \times 4 = 24$
$6 \times 5 = 30$
$6 \times 6 = 36$
$6 \times 7 = 42$
$6 \times 8 = 48$
$6 \times 9 = 54$
$6 \times 10 = 60$
$6 \times 11 = 66$
$6 \times 12 = 72$

Facts of 7
Track 12

$7 \times 1 = 7$
$7 \times 2 = 14$
$7 \times 3 = 21$
$7 \times 4 = 28$
$7 \times 5 = 35$
$7 \times 6 = 42$
$7 \times 7 = 49$
$7 \times 8 = 56$
$7 \times 9 = 63$
$7 \times 10 = 70$
$7 \times 11 = 77$
$7 \times 12 = 84$

Facts of 8
Track 13

$8 \times 1 = 8$
$8 \times 2 = 16$
$8 \times 3 = 24$
$8 \times 4 = 32$
$8 \times 5 = 40$
$8 \times 6 = 48$
$8 \times 7 = 56$
$8 \times 8 = 64$
$8 \times 9 = 72$
$8 \times 10 = 80$
$8 \times 11 = 88$
$8 \times 12 = 96$

44

©2011 Twin Sisters IP, LLC. All Rights Reserved.

Facts of 12

Track 17

$12 \times 1 = 12$
$12 \times 2 = 24$
$12 \times 3 = 36$
$12 \times 4 = 48$
$12 \times 5 = 60$
$12 \times 6 = 72$
$12 \times 7 = 84$
$12 \times 8 = 96$
$12 \times 9 = 108$
$12 \times 10 = 120$
$12 \times 11 = 132$
$12 \times 12 = 144$

Facts of 11

Track 16

$11 \times 1 = 11$
$11 \times 2 = 22$
$11 \times 3 = 33$
$11 \times 4 = 44$
$11 \times 5 = 55$
$11 \times 6 = 66$
$11 \times 7 = 77$
$11 \times 8 = 88$
$11 \times 9 = 99$
$11 \times 10 = 110$
$11 \times 11 = 121$
$11 \times 12 = 132$

Facts of 10

Track 15

$10 \times 1 = 10$
$10 \times 2 = 20$
$10 \times 3 = 30$
$10 \times 4 = 40$
$10 \times 5 = 50$
$10 \times 6 = 60$
$10 \times 7 = 70$
$10 \times 8 = 80$
$10 \times 9 = 90$
$10 \times 10 = 100$
$10 \times 11 = 110$
$10 \times 12 = 120$

Facts of 9

Track 14

$9 \times 1 = 9$
$9 \times 2 = 18$
$9 \times 3 = 27$
$9 \times 4 = 36$
$9 \times 5 = 45$
$9 \times 6 = 54$
$9 \times 7 = 63$
$9 \times 8 = 72$
$9 \times 9 = 81$
$9 \times 10 = 90$
$9 \times 11 = 99$
$9 \times 12 = 108$

45

©2011 Twin Sisters IP, LLC. All Rights Reserved.

Facts of 1

Track 3

1 × 1 = 1
1 × 2 = 2
1 × 3 = 3
1 × 4 = 4
1 × 5 = 5
1 × 6 = 6
1 × 7 = 7
1 × 8 = 8
1 × 9 = 9
1 × 10 = 10
1 × 11 = 11
1 × 12 = 12

Facts of 2

Track 7

2 × 1 = 2
2 × 2 = 4
2 × 3 = 6
2 × 4 = 8
2 × 5 = 10
2 × 6 = 12
2 × 7 = 19
2 × 8 = 16
2 × 9 = 18
2 × 10 = 20
2 × 11 = 22
2 × 12 = 24

Facts of 3

Track 8

3 × 1 = 3
3 × 2 = 6
3 × 3 = 9
3 × 4 = 12
3 × 5 = 15
3 × 6 = 18
3 × 7 = 21
3 × 8 = 24
3 × 9 = 27
3 × 10 = 30
3 × 11 = 33
3 × 12 = 36

Facts of 4

Track 9

4 × 1 = 4
4 × 2 = 8
4 × 3 = 12
4 × 4 = 16
4 × 5 = 20
4 × 6 = 24
4 × 7 = 28
4 × 8 = 32
4 × 9 = 36
4 × 10 = 40
4 × 11 = 44
4 × 12 = 48

46

©2011 Twin Sisters IP, LLC. All Rights Reserved.

Facts of 8
Track 13

8 x 1 =
8 x 2 =
8 x 3 =
8 x 4 =
8 x 5 =
8 x 6 =
8 x 7 =
8 x 8 =
8 x 9 =
8 x 10 =
8 x 11 =
8 x 12 =

Facts of 7
Track 12

7 x 1 =
7 x 2 =
7 x 3 =
7 x 4 =
7 x 5 =
7 x 6 =
7 x 7 =
7 x 8 =
7 x 9 =
7 x 10 =
7 x 11 =
7 x 12 =

Facts of 6
Track 11

6 x 1 =
6 x 2 =
6 x 3 =
6 x 4 =
6 x 5 =
6 x 6 =
6 x 7 =
6 x 8 =
6 x 9 =
6 x 10 =
6 x 11 =
6 x 12 =

Facts of 5
Track 10

5 x 1 =
5 x 2 =
5 x 3 =
5 x 4 =
5 x 5 =
5 x 6 =
5 x 7 =
5 x 8 =
5 x 9 =
5 x 10 =
5 x 11 =
5 x 12 =

©2011 Twin Sisters IP, LLC. All Rights Reserved.

Facts of 9

Track 14

9 × 1 =
9 × 2 =
9 × 3 =
9 × 4 =
9 × 5 =
9 × 6 =
9 × 7 =
9 × 8 =
9 × 9 =
9 × 10 =
9 × 11 =
9 × 12 =

Facts of 10

Track 15

10 × 1 = 10
10 × 2 = 20
10 × 3 = 30
10 × 4 =
10 × 5 =
10 × 6 =
10 × 7 =
10 × 8 =
10 × 9 =
10 × 10 =
10 × 11 =
10 × 12 =

Facts of 11

Track 16

11 × 1 =
11 × 2 =
11 × 3 =
11 × 4 =
11 × 5 =
11 × 6 =
11 × 7 =
11 × 8 =
11 × 9 =
11 × 10 =
11 × 11 =
11 × 12 =

Facts of 12

Track 17

12 × 1 =
12 × 2 =
12 × 3 =
12 × 4 =
12 × 5 =
12 × 6 =
12 × 7 =
12 × 8 =
12 × 9 =
12 × 10 =
12 × 11 =
12 × 12 =

x!
x?
x!
x?
x!
x?
x!
x?
x!

48

©2011 Twin Sisters IP, LLC. All Rights Reserved.